Märchen
aus der Sammlung der Brüder Grimm

Die Bienenkönigin

nacherzählt von Gisela Buck

mit Bildern von
Karin Scheier

VERLAG MORITZ DIESTERWEG
Frankfurt am Main

Es zogen einmal
zwei Königssöhne
in die Welt
und kamen
nicht mehr nach Hause.

Darauf zog auch der jüngste los,
der Dummling,
und suchte sie.

Als er seine Brüder
endlich fand,
lachten sie ihn aus
und sagten:
„Du bist dumm,
kommst nicht allein durch die Welt!"

Dann zogen sie alle drei
miteinander weiter.

Sie kamen an einen Ameisenhaufen.

Die zwei älteren
wollten ihn aufwühlen
und sehen, wie die kleinen Ameisen
in ihrer Angst
hin und her laufen.

Der Dummling aber sagte:
„Laßt die Tiere in Ruhe,
ich will nicht, daß ihr sie stört!"

Da gingen sie weiter
und kamen zu einem See.
Auf dem schwammen
viele Enten.

Die beiden älteren wollten
ein paar Enten fangen und braten.

Der Dummling aber sagte:
„Laßt die Tiere in Ruhe,
ich will nicht, daß ihr sie tötet!"

Dann kamen sie an einen Baum
mit einem Bienennest.
Darin war so viel Honig,
daß er am Stamm herunterlief.

Die zwei wollten die Bienen
mit Feuer ausräuchern.

Der Dummling aber sagte wieder:
„Laßt die Tiere in Ruhe,
ich will nicht, daß ihr sie verbrennt!"

Endlich kamen sie zu einem Schloß.

Da standen im Stall
lauter Pferde aus Stein.
Und kein Mensch war zu sehen.

Sie kamen vor eine Türe
mit drei Schlössern davor.
Durch ein kleines Fenster
konnte man in die Stube hineinsehen.

Darin saß
ein graues Männlein
an einem Tisch.

Sie riefen das Männlein an.

Aber erst beim dritten Mal
stand es auf
und öffnete die Schlösser.

Es sprach aber kein Wort.

Das Männlein
führte die drei hinein
und gab ihnen zu essen
und zu trinken.

Dann führte es jeden
in ein anderes Schlafzimmer.

Am Morgen
kam das graue Männlein
zu dem ältesten.

Es führte ihn zu einer
steinernen Tafel.

Darauf standen drei Aufgaben,
um das Schloß zu erlösen.

Die erste Aufgabe war,
im Wald unter dem Moos
die tausend Perlen der Königstochter
zu suchen.
Wer aber nicht alle an einem Tag fand,
wurde in Stein verwandelt.

Der älteste ging und suchte.

Am Abend hatte er erst
hundert Perlen gefunden.

Da wurde er in Stein verwandelt.

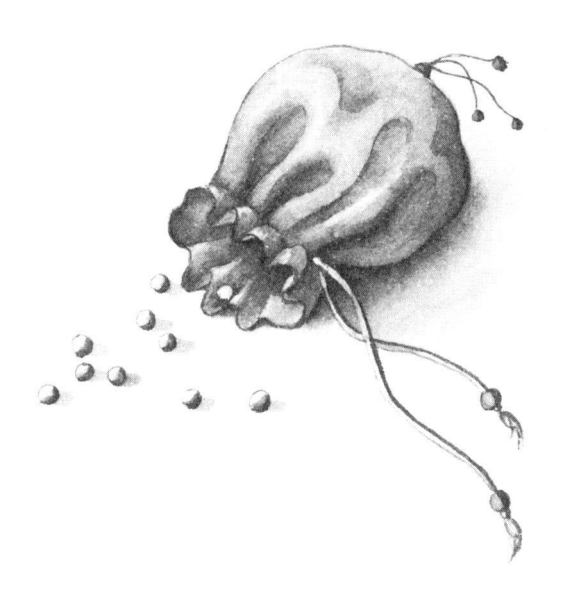

Am nächsten Tag
versuchte es der zweite.

Er fand nur zweihundert Perlen
und wurde auch zu Stein.

Endlich kam der Dummling
an die Reihe.

Er suchte,
aber es war so schwer,
alle Perlen zu finden.

Da setzte er sich hin und weinte.

Wie er so saß,
kam der Ameisenkönig
mit allen seinen Ameisen.

Und es dauerte nicht lange,
da hatten sie alle Perlen gefunden.

Die zweite Aufgabe war,
den Schlüssel
zur Kammer der Königstochter
aus dem Meer zu holen.

Als der Dummling
zum Meer kam,
schwammen die Enten herbei,
tauchten unter
und holten den Schlüssel
aus der Tiefe.

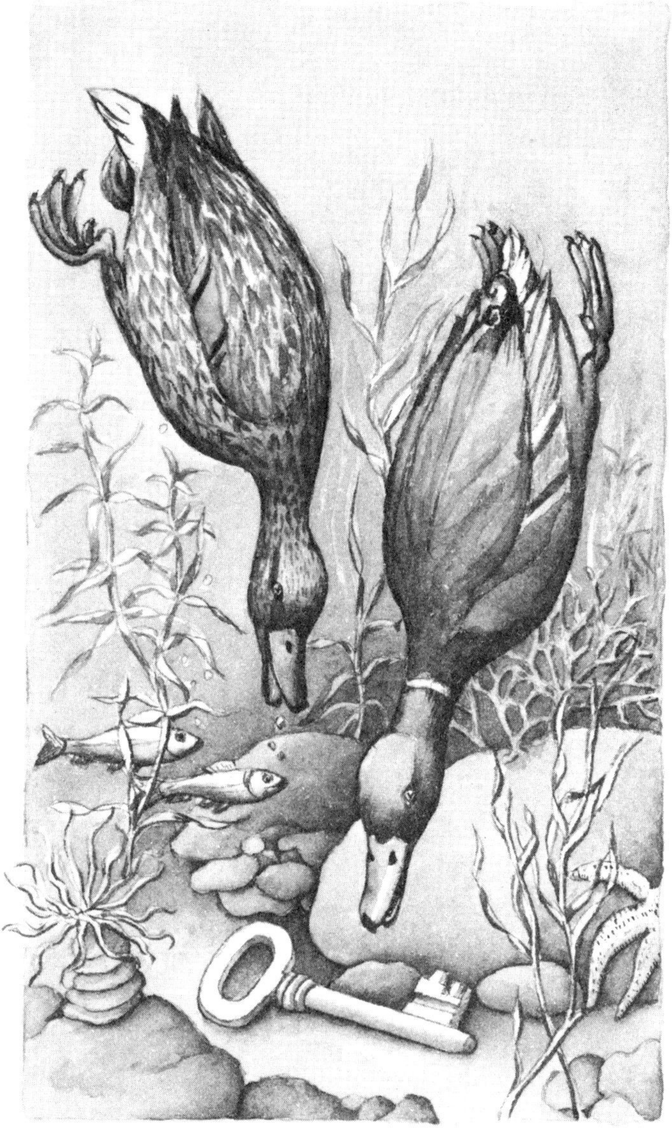

Die dritte Aufgabe war am schwersten.

Der Dummling sollte aus
den drei schlafenden Königstöchtern
die jüngste heraussuchen.
Sie sahen aber alle drei genau gleich aus.

Doch sie hatten vor dem Einschlafen
verschiedene Süßigkeiten gegessen,
die älteste Zucker,
die zweite Sirup,
die jüngste Honig.

Da kam die Bienenkönigin.
Sie saugte an den Lippen
von allen drei Töchtern.
Zuletzt blieb sie
bei der Königstochter sitzen,
die den Honig gegessen hatte.

So erkannte der Dummling die jüngste.

Da war der Zauber vorbei.

Alle, die geschlafen hatten,
wachten auf,
und alle, die Stein waren,
wurden lebendig.

Und der Dummling heiratete
die jüngste Königstochter
und wurde König.

Seine Brüder heirateten
die beiden Schwestern.

QUIESEL-BÜCHER
Herausgegeben von Gisela und Siegfried Buck

REIHE:
MÄRCHEN

nacherzählt von Gisela und Siegfried Buck

Tischlein deck dich (MD 1161)
Fundevogel (MD 1162)
Daumesdick (MD 1163)
Der arme Müllerbursch (MD 1164)
Die Alte im Wald (MD 1165)
Die Bienenkönigin (MD 1166)

Bestellnummer 1166

ISBN 3-425-01166-9

Copyright © 1982 Texte, Illustrationen und Ausstattung by Verlag Moritz Diesterweg GmbH & Co., Frankfurt am Main.
Alle Rechte vorbehalten. Das Werk und seine Teile sind urheberrechtlich geschützt.
Jede Verwertung in anderen als den gesetzlich zugelassenen Fällen bedarf deshalb der vorherigen schriftlichen Einwilligung des Verlags.
Reproduktion: Photolitho AG, Zürich
Satz, Druck und Bindearbeiten: Druckhaus Kaufmann, Lahr